ISABELL

¿CÓMO CUMPLIR MIS METAS?

Cumple tus metas en 21 días

coachisabellachiran@gmail.com

¿Cómo cumplir mis metas?

Cumple tus metas en 21 días

Dedicado a:

Dios por estar conmigo;

A mis padres Margarita y Gustavo por darme su ejemplo;

A mis hermanos Jessy, Alexis y Britney por confiar en mí;

A mi Camilita por cuidarme;

A mí bello esposo Juanfra por ser el amor de mi vida;

A mis cuaches Fabby, Ale y Rafa por los darme cuenta;

A mi mentor Francisco por guiarme en mi meta;

Y a mis familiares y amigos por su amor y apoyo.

coachisabellachiran@gmail.com

¿Cómo cumplir mis metas?

Cumple tus metas en 21 días

Enlaces de contacto

Isabella Chirán

Correo electrónico:

coachisabellachiran@gmail.com

Redes sociales:

Facebook:
https://www.facebook.com/Coah-Isabella-Chiran-102104098366838/

Youtube:
https://youtube.com/channel/UCoE4YBabADs5tYi0jhbDgBA

Instagram:
https://www.instagram.com/invites/contact/?i=ms9wqeq5auro&utm_content=1he5rj2

Tiktok:

https://vm.tiktok.com/ZM834xkma/

coachisabellachiran@gmail.com

¿Cómo cumplir mis metas?

Cumple tus metas en 21 días

coachisabellachiran@gmail.com

¿Cómo cumplir mis metas?

Cumple tus metas en 21 días

Prólogo

Isabella Chirán - Life Coach & Leadership

¿Sabías que el 97% de la población no establece metas y que sólo el 3% sí lo realiza?

Es por esta razón, que te invito a que inicies esta travesía para cumplir con tus metas en 21 días.

Al establecer una meta nos estancamos pensado que la meta debe ser inalcanzable y por eso no la llevamos a cabo.

Te recomiendo iniciar con metas a corto plazo para que sientas la satisfacción de alcanzar una meta, luego con la motivación suficiente podrás establecer metas a mediano y largo plazo.

Recuerda que el camino a la grandeza se lo realiza con el logro de las acciones realizadas y no de lo que hubiese realizado.

Disfruta del proceso

Sonríe siempre

Comentarios y sugerencias:
coachisabellachiran@gmail.com

coachisabellachiran@gmail.com

¿Cómo cumplir mis metas?

Cumple tus metas en 21 días

Día de bienvenida:

Bienvenido a esta nueva travesía que te permitirá cumplir tus metas en 21 días, por lo que te solicito te comprometas con lo siguiente:

- Establece un horario para la lectura de cada día
- Realiza las actividades de cada día
- Disfruta de esta linda travesía

Cumplir tus metas en 21 días te permitirá sentir el placer de ser invencible.

coachisabellachiran@gmail.com

¿Cómo cumplir mis metas?

Cumple tus metas en 21 días

Contenido:

coachisabellachiran@gmail.com

¿Cómo cumplir mis metas?

Cumple tus metas en 21 días

Día 1

Estableciendo una meta

¡¡¡Bienvenido al día número uno!!!!

Me alegra mucho que estés aquí.

Hoy vamos a ver:

¿Qué es una meta?

Una meta es el fin hacia donde quieres llegar, pasar del punto A al punto B.

¿Sabías que el 97% de la población no establece metas y que sólo el 3% sí lo realiza?

Esto se debe a que:

- Las personas no saben lo que quieren y por eso no tienen un punto B a donde llegar.
- Las personas no saben para qué lo quieren.
- Las personas no saben cuál es el motivo que les llevaría a llegar al punto B.
- Las personas **no** identifican el obstáculo que no les permite llegar al punto B.

Un camino sin rumbo, es cómo manejar un vehículo bajo la neblina y sin luces, ¿te lo imaginas?, ¿a dónde te conducirá esto?

Te voy a contar algo que me sucedió hace algunos años:

Un camino sin rumbo

En el verano del año 2006 al regresar del paseo de fin de año del colegio llegué a casa emocionada, al abrir la puerta pude ver a mi mami y hermanos, me llamó la atención que mi papá no esté en casa, pues era muy tarde.

¿A dónde se pudo ir?, no me quedé con la intriga y le pregunte a mi mami por él y ella de manera muy tranquila me dijo: *"Se fue a inscribirte a la universidad"*, (pues antes en las universidades públicas se debía hacer filas de filas para poder tener un cupo), su respuesta en mi causó sorpresa.

Luego le pregunté toda inquieta: ¿En qué carrera se fue a inscribirme?, y ella relajada me dijo en la carrera de Contabilidad y Auditoría, escuchar sus palabras me dejaron atónita, no me lo esperaba.

Me llegaron tantos pensamientos e incertidumbre porque ni yo sabía lo que quería seguir y mis padres ya lo sabían.

Pensé y pensé que es un momento en el que tengo que definir mi vida con apenas 17 años, sin saber que elegir en un mundo de tantas maravillas.

¿Cómo cumplir mis metas?

Cumple tus metas en 21 días

Con el pasar de los días lo fui asimilando y aceptando, pensando en mis padres, que era su sueño y por mi parte no tenía nada que proponer.

Me propuse la meta de graduarme como Ingeniería en Contabilidad y Auditoría CPA y que cuando digan "La contadora" no se refieran con angustia sino con agrado.

Mi meta no era algo que me robaba el sueño pero quería marcar la diferencia.

Logré graduarme como Ingeniería en Contabilidad y Auditoría CPA y que sientan empatía cuando se refieren a mí como: *"la contadora"*.

Cumplí con mi meta, pero había algo en mí que no me permitía sentirme completamente feliz en mi carrera, a pesar de que me encanta mi entorno de trabajo.

A mis 32 años me di cuenta de lo que en realidad quiero y es **ser conferencista de talla internacional que impacte millones de vidas a través del ejemplo.**

Esta historia les comparto, porque me llevó a la reflexión de que si no estableces metas que realmente quieres seguirás enfrentando lo que la vida te pone en frente, sin preguntarlo, sin refutarlo y lo seguirás realizando **te guste o no.** Y si lo preguntas y refutas no lo harás por lo que realmente quieres, sino del camino sin rumbo que elegiste.

No les niego que mi carrera profesional ha tenido retos y los fui asumiendo, llegando al punto de enamorarme de mi profesión.

Ahora es momento de dar un alto, dejar de caminar sin rumbo e ir por lo que realmente quiero.

Sabes esta frase me encanta:

"Somos el resultado de lo que hacemos repetidamente. La excelencia entonces, no es un acto, sino un hábito"
Aristóteles

Eres lo que practicas cada día.

Te pregunto: Del 1 al 10, ¿Cuánto te amas? _____

Ahora dime ¿En quién quieres convertirte?

_____
_____
_____

Te invito a que establezcas una meta por estos 21 días.

Para establecer esta meta hoy debes reflexionar sobre:

- ¿Qué es lo que **realmente** quieres para llegar al punto B?
- ¿Para qué lo quieres, qué te motiva llegar al punto B?
- ¿Qué te impide o que no te permite llegar al punto B?

El énfasis en la palabra **realmente** lo realizo porque muchas veces hacemos o decimos lo que otras personas quieren y no lo que **realmente queremos** y cuando defines que es lo que realmente quieres encuentras la motivación para sentirte comprometido y alcanzar tu meta.

¿Cómo cumplir mis metas?

Cumple tus metas en 21 días

No te enfoques en el ¿cómo lo voy a lograr?, mejor enfócate en el ¿qué quiero lograr?

Luego de que hayas reflexionado y definido lo que realmente quieres, escribe tu meta con el que te sientas comprometido:

_____

_____

_____

_____

_____

Recuerda que al establecer esta meta para estos 21 días, es una buena manera de iniciar pequeños cambios que te llevarán a la grandeza.

Nos vemos mañana y recuerda sonreír.

coachisabellachiran@gmail.com

Día 2

De gratitud

Muy bien es momento de iniciar, estira los brazos hacia arriba y sonríe, ahora déjame preguntarte ¿cómo te fue ayer al establecer tu meta?, ¿cómo te hace sentir el que hayas podido establecer tu meta? Y si no lo pudiste hacer, ¿qué es lo que te impide?

_____

_____

_____

Antes de iniciar, es necesario que tengas definida tu meta de lo que realmente quieres.

¿Qué es gratitud?

Gratitud es el sentimiento de valoración de un bien, servicio o espiritual, del cual se expresa en deseo voluntario de correspondencia a través de las palabras o a través de un gesto.

¿Sabías que con la gratitud tienes los siguientes beneficios?

- Se incrementa la felicidad, **sonríes más.**
- Se reduce la depresión y ansiedad, pues tus pensamientos son positivos

- Atraes bendiciones a tu vida, lo positivo atrae lo positivo.
- Mejora tu salud física y mental al querer ser mejor cada día.
- Te ayuda a dormir mejor y decirle adiós al insomnio pues experimentas la tranquilidad

Así que, si eres grato te conviertes en una mejor versión de ti mismo.

Te compartiré lo que me pasó:

Amor en actos

Cuando tenía 10 años de edad, por casualidad estaba en el pasillo a lado de la sala jugando sola y escuche a mi papi que le decía a un amigo: *"yo no seguí estudiando porque pensé…soy yo o son mis hijos y elegí a mis hijos"*. Escuchar estas palabras a temprana edad, me erizó la piel.

Años más tarde recordando sus palabras, me hizo pensar que mi padre eligió primero a sus hijos que a él, lo que hizo que me esforzara por estudiar entendiendo su sacrificio, un sentir de su amor en actos.

Siento gratitud de valorar lo que tengo gracias a mis padres.

Te invito a que **NO** te enfoques en lo que no tienes, en lo que se ha ido y en lo que has perdido, pues por más oscura que parezca tu realidad, siempre hay algo que puedes agradecer.

¿Cómo cumplir mis metas?

Cumple tus metas en 21 días

La gratitud es la mejor receta para combatir los problemas y retos (bendiciones) de la vida. Como ves, tú tienes el poder de elegir: si sentir gratitud o lamentarte.

> Sabes esta frase me cautivó, justo lo que buscaba:
>
> *"Sólo un exceso es recomendable en el mundo: El exceso de gratitud"*
> Jean de La Bruyére

Que exceso tan hermoso, te diviertes en el proceso, te llenas de energía.

Te pregunto: ¿Qué piensas sobre esto: "primero tienes que ser feliz y segundo sentir gratitud"?

_____

_____

_____

Agradece y valora lo que tienes, esto transformará tu vida.

Te invito a que te pares frente al espejo, te mires y te digas: Tu nombre TE AMO, eres lo más importante que tengo, estoy feliz y agradecido de verte, me siento orgulloso de ti, te perdono y me comprometo a cumplir mi meta de 21 días (detallar meta):

_____

_____

_____

Pon una imagen en tu mente que represente tu meta cumplida y sonríe.

Establece la acción que vas a realizar el día de hoy para alcanzar tu meta en 21 días:

_____

_____

_____

¡¡Nos vemos mañana!!

¿Cómo cumplir mis metas?

Cumple tus metas en 21 días

Día 3

Perdón

Antes de iniciar vamos a realizar respiraciones profundas, de la siguiente forma:

1. Siéntate en un lugar cómodo,
2. Cierra tus ojos,
3. Inhala por 4 segundos,
4. Reten por 4 segundos,
5. Exhala por 4 segundos; y,
6. Repite tres veces el proceso desde el punto 3, 4 y 5.

Ahora que estas relajado, cuéntame ¿cómo te fue ayer con la práctica en el espejo?, ¿cómo te hizo sentir?

_____

_____

_____

Ahora vamos a ver:

¿Qué es perdón?

Perdón es superar una ofensa, una pena, una deuda.

¿Sabías que hay pasos y beneficios del perdón?

Pasos del perdón:

¿Cómo cumplir mis metas?

Cumple tus metas en 21 días

- Lo más difícil es reconocer el daño u ofensa.
- También difícil, ponerse en los zapatos del otro
- Aceptar esta situación tal como es.
- Pedir perdón explícitamente al otro o en caso de que necesites más tiempo puedes realizar un acto simbólico en el que pidas perdón, como por ejemplo escribir una carta.
- Luego establece acciones para que no vuelva a ocurrir o en el caso de que no, posibles acciones para protegerte.
- Restituye el daño causado, siempre que sea posible, tú sabes hasta donde puedes llegar.

Beneficios del perdón:

- Una vez que logramos expresarnos y pedimos perdón sentiremos una sensación de alivio, un peso menos.
- Ayuda a reconocer tus propios errores sino se aceptan las equivocaciones, te tropezaras en repetidas ocasiones con la misma situación, un círculo vicioso.
- Aceptar estar equivocado y que la otra persona merece una disculpa por nuestro comportamiento, no lo hace cualquier persona, por lo tanto tu integridad aumenta.
- Mejora la convivencia y refuerza las relaciones a tu alrededor.
- Contribuye a la salud física, mental y espiritual pues da tranquilidad el perdón.
- Te previene momentos incómodos en el futuro, pues lo solucionaste y has comunicado tu sentir.

Te compartiré algo:

El estado de resentimiento

Pensé durante mi vida y con el pasar de los años que el estar resentida estaba bien, pues me libraba de dar explicaciones y me salía con la mía, hasta que un día cuando estaba en la universidad, mi tía con la que nos llevábamos muy bien en una conversación me dijo en tono de juego: ¿Cómo tienes una relación si eres resentida?, a lo que yo le dije: Él es diferente y me ha enseñado.

Reflexionando en aquel momento, mi novio ahora esposo me ha ayudado a entender que se debe conversar, llegar a acuerdos para superar y resolver los problemas, por ejemplo entre los acuerdos que tenemos es: el que tiene la culpa debe pedir perdón, con esto se siente un peso menos y se siente tan bien.

Sabes esta frase me dejó pensando:

"El hombre que ha cometido un error y no lo corrige comete otro error mayor"
Confucio

Es momento de dejar atrás los resentimientos, perdonar y perdonarte, así como lo lees también **perdonarte**.

¿Cómo cumplir mis metas?

Cumple tus metas en 21 días

Te pregunto y ponte la mano en el corazón: ¿Te has perdonado?

_____

_____

_____

Es importante perdonarte porque eso te permitirá aceptarte.

Te invito a que te pares frente al espejo, te mires y te digas: Tu nombre TE AMO, eres lo más importante que tengo, estoy feliz y agradecido de verte, me siento orgulloso de ti, te perdono y me comprometo a cumplir mi meta de 21 días (detallar meta):

_____

_____

_____

Pon una imagen en tu mente que represente tu meta cumplida y sonríe.

Establece la acción que vas a realizar el día de hoy para alcanzar tu meta en 21 días:

_____

_____

_____

¡¡Nos vemos mañana!!

coachisabellachiran@gmail.com

¿Cómo cumplir mis metas?

Cumple tus metas en 21 días

Día 4

Lograr la meta

Antes de iniciar vamos a dar gracias por tres cosas que te ha dado la vida:

_____

_____

_____

Ahora que estas te sienes agradecido, cuéntame ¿cómo te fue ayer con lo aprendido de perdonar y perdonarte?, ¿En qué te hizo reflexionar?

_____

_____

_____

Vamos a ver:

¿Qué es voluntad?
La voluntad es la intención o el deseo de hacer algo con esfuerzo, coraje y determinación.

¿Qué es constancia?
La constancia se refiere al valor y la cualidad que poseen algunas personas en cuanto a ser perseverantes y determinados ante una meta, objetivo, propósito o decisión.

¿Sabías que hay beneficios al definir metas?

- Da un camino a seguir para llegar al punto B.

- Permite realizar un plan de acción y establecer estrategias.
- Facilita el establecimiento de prioridades.
- Genera la oportunidad para tomar mejores decisiones.
- Disminuye la incertidumbre.
- Favorece la coordinación de acciones que motivan al compromiso.
- Facilita la óptima distribución de los recursos existentes.
- Aumenta la creatividad.
- Conocer el punto B, antes de emprender el viaje es fundamental para saber si se ha llegado.
- Produce satisfacción del logro una vez alcanzada la meta.

Para lograr una meta necesitas fuerza de voluntad y constancia, la fuerza de voluntad para realizar las pequeñas acciones y la constancia para seguirlas haciendo.

Te compartiré una pequeña historia:

Unos pequeños milagros

En Ecuador en el cuarto año de colegio conocí a mi amiga Alex, quién nos contaba que su mamá vivía en España y que le había dicho que va a estudiar para ser parte de las mejores estudiantes, siempre lo mencionaba, escuchando su promesa tan emocionada nos hacía sentir

¿Cómo cumplir mis metas?

Cumple tus metas en 21 días

bien a mis amigas Carolina, Nathaly y a mí porque estaba segura de hacerlo y eso indirectamente me contagió.

Años más tarde cursando el último año del colegio se acercaba el juramento a la bandera, un momento de emociones cruzadas.

Ver antes como juraban la bandera, ser parte de la corte y ahora era quien juraba la bandera y tener alrededor la corte, el tiempo había transcurrido sin aviso.

Se acercaba la fecha para el juramento a la bandera por lo que publicaron los promedios para saber quieres eran las cuatro abanderadas y dos escoltas.

Al acercarnos a ver la lista, con tanto cosquilleo de que va a pasar, será o no será que alcanzamos los primeros seis lugares, una intriga total pues mi mejor amiga me contagió con su promesa, ver la lista, pasando primer lugar: nada, segundo lugar: nada, tercer lugar: nada, cuarto lugar: nada, quinto lugar: nada, sexto lugar: nada, **séptimo lugar**: mi mejor amiga, octavo lugar: nada, **noveno lugar** yo y la lista continuó, tristes por no haberlo logrado.

Cuando ocurrió un pequeño milagro y nuestra amiga Erika que se encontraba en sexto lugar rechazó la asignación debido a que su religión no le permitía, algo que en parte nos alegró por mi mejor amiga Alex porque pudo cumplir con su promesa.

Entusiasmada con lo sucedido, me dije quiero estar en el grupo de abanderadas y escoltas, pero deben salir dos personas, algo imposible; sin embargo, también lo quería.

Más tarde la alumna que estaba en quinto lugar también rechazó la asignación por la misma causa; es decir, que mi mejor amiga era la primera escolta y la segunda escolta era la alumna que se encontraba en octavo lugar y mi pensamiento fue: sólo una menos.

Casi resignada, estaba en el curso recibiendo clases y alegre por mi mejor amiga, de repente me llamaron al rectorado, mis amigas y compañeras me regresaron a ver, no podía creer que me hayan llamado si estaba en noveno lugar, así que salí del curso al rectorado y se pasaron muchos pensamientos por mi mente pues cual era la razón para que me llamen, al llegar, salude a la rectora, me senté y la rectora me dijo: *"esto nunca había pasado"* y me preguntó si quería ser la segunda escolta, a lo que respondí que sí, pues resulto que la alumna que estaba en octavo lugar también renunció por la misma causa, ocurrió otro milagro.

Al momento de realizar el juramento a la bandera fue tan inolvidable pues mi mejor amiga y yo fuimos las escoltas.

Aferrarse al resultado a pesar de todo, es posible aunque la esperanza sea mínima.

> Sabes esta frase va conmigo:
>
> *"Empieza haciendo lo necesario, después lo posible, y de repente te encontrarás haciendo lo imposible.*
> San Francisco de Asís

Hay que dejarse sorprender por la vida, hay que darle una oportunidad.

¿Cómo cumplir mis metas?

Cumple tus metas en 21 días

Te pregunto: ¿Disfrutas de los pequeños detalles y tus logros?

_____

_____

_____

Te invito a que te pares frente al espejo, te mires y te digas: Tu nombre TE AMO, eres lo más importante que tengo, estoy feliz y agradecido de verte, me siento orgulloso de ti, te perdono y me comprometo a cumplir mi meta de 21 días (detallar meta):

_____

_____

_____

Pon una imagen en tu mente que represente tu meta cumplida y sonríe.

Establece la acción que vas a realizar el día de hoy para alcanzar tu meta en 21 días:

_____

_____

_____

¡¡Nos vemos mañana!!

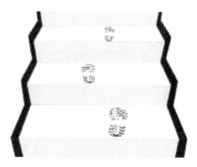

coachisabellachiran@gmail.com

Día 5

Miedo

Antes de iniciar te vas a perdonar por tres cosas:

_____

_____

_____

Ahora que te has perdonado, cuéntame ¿cómo te está yendo con las acciones diarias para cumplir con tu meta de 21 días?

_____

_____

_____

Vamos a ver:

¿Qué es miedo?

Es el estado emocional ante una situación de peligro o desconfianza, por razones imaginarias, sin fundamento o lógica racional, para que el miedo surja es imprescindible la presencia de un estímulo que provoque la ansiedad e inseguridad en la persona lo que conlleva al enfrentamiento o la huida ante dicha situación.

¿Sabías que?

El miedo ha viajado previniéndonos del peligro, la fórmula cómo se activa el miedo es muy sencilla, empieza con un estímulo externo, en forma de un pensamiento.

Principios del miedo según el Dr. Smiley Blanton:

- El miedo es la enfermedad más sutil y destructiva de todas las enfermedades humanas.
- El miedo mata sueños.
- El miedo mata esperanzas.
- El miedo pone a la gente en hospitales.
- El miedo puede hacerte envejecer.
- El miedo puede detenerte de algo que sabes que eres capaz de hacer o aprender, pero que no lo haces porque el miedo te paraliza o te distrae.
- Puede desembocar en malos hábitos que te alejen de tu propia creatividad y alegría.

Cuida de ti y no dejes que nadie te diga lo que no puedes hacer, recuerda que el miedo muchas veces son historias que te formas en la cabeza y aún no han pasado.

Te contaré otra historia:

Miedo al rechazo

En la escuela a los 8 años de edad, muy emocionada me acerque a mi amiguita y le dije: *"Tu eres mi amiga"* y ella sin pensarlo me dijo: *"Tú no eres mi amiga"*, en ese momento sentí que estaba haciendo mal las cosas y que no era merecedora de una amistad.

En el colegio a los 17 años, conversando con mis amigas sobre el futuro me dijeron: *"No sabemos si vamos a volver verte"*, en ese momento sentí que no dependía de mí y que no podía hacer nada.

¿Cómo cumplir mis metas?

Cumple tus metas en 21 días

Así pasaron los años, tenía amistades pero no me involucraba mucho, no sabía a qué se debía.

Me puse a pensar la razón por la que era así, y vi que esa pequeña acción de cuando tenía 8 años era lo que me estaba afectando, por lo que decidí dar un alto y disfrutar de las amistades que te enseñan mucho, te cuidan y te valoran, disfruto ser aceptada solamente por dejar de lado el miedo al rechazo.

Cuando dejas de hacerte telarañas en tu cabeza, tomas mejores decisiones.

Sabes esta frase me cambió mi forma de pensar:

"Pocos ven lo que somos, pero todos ven lo que aparentamos"
Nicolás Maquiavelo

Está en ti elegir qué camino seguir.

Piensa en algo que el miedo te impide hacer y dime ¿vale la pena seguir así?

_____

_____

_____

Te invito a que te pares frente al espejo, te mires y te digas: Tu nombre TE AMO, eres lo más importante que tengo, estoy feliz y agradecido de verte, me siento orgulloso de ti, te perdono y me comprometo a cumplir mi meta de 21 días (detallar meta):

_____

_____

_____

Pon una imagen en tu mente que represente tu meta cumplida y sonríe.

Establece la acción que vas a realizar el día de hoy para alcanzar tu meta en 21 días:

_____

_____

_____

¡¡Nos vemos mañana!!

¿Cómo cumplir mis metas?

Cumple tus metas en 21 días

Día 6

Responsabilidad

Antes de iniciar parte un papel en la mitad, escribe en una mitad lo que te da miedo y en la otra mitad escribe: ¿Qué es lo que pasaría si superas ese miedo?

Ahora la mitad donde escribiste el miedo: grítale, arrúgalo, rómpelo y quémalo (en un lugar seguro), luego lee la segunda mitad, léela, dóblala y guárdala en el mejor lugar.

¿En qué te hizo reflexionar esta actividad?

_____

_____

_____

Vamos a ver:

¿Qué es responsabilidad?

Es dar cumplimiento a las obligaciones y ser cauteloso al tomar decisiones o al realizar algo.
Cuidar de sí mismo y de los demás, en respuesta a la confianza que las personas depositan, expresando el sentido de comunidad y de compromiso que asumimos con los demás.

¿Cómo cumplir mis metas?

Cumple tus metas en 21 días

¿Sabías que hay una enorme diferencia entre ser responsable DE y ser responsable POR?

DIFERENCIAS

Ser responsable DE:

- Tus sentimientos, resultados y acciones

Ser responsable POR:

- Otras personas

Cuando asumes la responsabilidad por los sentimientos, resultados o acciones de otra persona, destruyes su autoconfianza y su auto respecto.

Eres responsable de todos los resultados en tu vida. Es momento de detenerte, tomar el control de tu vida y disfrutar de los deleites que te da la vida.

Te contaré otra historia:

Mi primer trabajo en contabilidad

En los primeros años de la universidad, me encontraba trabajando medio tiempo como asistente de contabilidad, en una agencia de viajes, me sentía solitaria al no tener compañeros de trabajo de mi área, almorzaba sola y en el segundo piso trabajaban dos personas del área de ventas que vivían en su mundo, la persona que me supervisaba trabajaba por honorarios, es decir que me visitaba de vez en cuando.

No me sentía a gusto, pasaron algunos meses, cuando un día mi jefa que me supervisaba me dijo: *"Usted no es acta para este trabajo, piense mejor en qué área se puede dedicar, pero un una agencia de viajes no"*, como siempre me quedé callada, sin saber que decir.

Mis pensamientos me decían aquí no me siento bien, no es un buen entorno para mí.

Al salir del trabajo pensé y pensé que hacer porque tampoco quería seguir así en el trabajo.

Más tarde al llegar a la universidad en la clase de Administración de Empresas el profesor mencionó que no perdamos el tiempo y que debemos seguir el curso de inglés que es requisito para graduarse, claro faltaban algunos años para culminar la carrera, en ese preciso momento lo ví como oportunidad para renunciar a mi trabajo, porque no quería seguir así en el trabajo, y me dije: *"necesito seguir el curso"*.

Así que al día siguiente llegue al trabajo, baje las gradas e inicie mi jornada laboral, más tarde mi jefa vino a supervisarme y aproveché la oportunidad para decirle lo del curso de inglés que tenía que seguir y que no alcanzaba entre el trabajo, el curso y la universidad, le presenté mi renuncia, la misma que aceptó de manera inmediata, la verdad me sentí bien porque no quería seguir así.

Al hacerte auto responsable de cómo te sientes, se va a ver reflejado en tu desempeño diario, date un alto y reflexiona.

¿Cómo cumplir mis metas?

Cumple tus metas en 21 días

Sabes esta frase te va a dejar sin palabras:

"Si podemos formularnos la pregunta: ¿soy o no soy responsable de mis actos?, significa que sí lo somos."
Fiódor Dostoyevski

Tus pensamientos, emociones y acciones se verán reflejados en tu auto responsabilidad

Te pregunto: ¿Qué piensas sobre culpar a otras personas y no auto responsabilizarte?

_____

_____

_____

Te invito a que te pares frente al espejo, te mires y te digas: Tu nombre TE AMO, eres lo más importante que tengo, estoy feliz y agradecido de verte, me siento orgulloso de ti, te perdono y me comprometo a cumplir mi meta de 21 días (detallar meta):

_____

_____

_____

Pon una imagen en tu mente que represente tu meta cumplida y sonríe.

Establece la acción que vas a realizar el día de hoy para alcanzar tu meta en 21 días:

_____

_____

_____

coachisabellachiran@gmail.com

¡¡Nos vemos mañana!!

¿Cómo cumplir mis metas?

Cumple tus metas en 21 días

Día 7

Actitud

Antes de iniciar vamos a dar gracias por tres cosas:

_____
_____
_____

Ahora te vas a perdonar por tres cosas:

_____
_____
_____

Ahora que has dado gracias y te has perdonado, cuéntame ¿Cómo te está yendo con tu meta de 21 días?

_____
_____
_____

Vamos a ver:

¿Qué es actitud?

Es la voluntad positiva o negativa que posee un individuo para realizar una determinada actividad.

¿Sabías que tus pensamientos, emociones y acciones afectan tu actitud?

Las investigaciones sugieren que tenemos entre 60.000 y 70.000 pensamientos al día, aproximadamente el 90%

¿Cómo cumplir mis metas?

Cumple tus metas en 21 días

son los pensamientos del día anterior, los pensamientos repetitivos darán exactamente la misma emoción. Las emociones repetitivas dan las mismas acciones que reflejaran nuestra actitud, si te das cuenta que es un círculo vicioso.

Si cambias tus pensamientos, cambian tus emociones, que cambian tus acciones que se verán reflejadas en tu actitud.

Te contaré otra historia:

Una sonrisa

Voy 8 años de casada, siempre me han preguntado mi estado civil a lo que respondo que soy casada, respuesta que normalmente les sorprende, porque me dicen que soy jovencita y que no parezco, para mí es hermoso sentirme enamorada de mi esposo.

En junio de 2020 se incorporó Cecy al trabajo, por la pandemia se trabajó en modalidad de teletrabajo, algo nuevo, adaptarse a ese cambio, se sentía diferente pues la tecnología se apodero de nuestro entorno.

Luego de algunos meses nos incorporamos al trabajo bajo la modalidad presencial y teletrabajo, en una oportunidad conversamos con Cecy, con quién sólo habíamos tocado sólo temas profesionales y me preguntó mi estado civil a lo que respondí que soy casada, me dijo que no parecía y le dije ¿por qué? y su respuesta fue: *"es que siempre te vemos feliz"*, por lo que luego sonreímos.

Cuando se demuestra una actitud positiva, vienen cosas positivas a tu vida, te invito a disfrutar de los pequeños detalles de la vida y tu actitud positiva aumentará y te permitirá sentirte feliz y agradecido.

> Sabes esta frase me encanta practicarla:
>
> *"Cuando no se puede lograr lo que se quiere, mejor cambiar de actitud"*
> Publio Terencio Africano

La actitud es todo.

Te pregunto: ¿Qué tan frecuente sonríes y disfrutas de los pequeños detalles de la vida?

_____

_____

_____

Te invito a que te pares frente al espejo, te mires y te digas: Tu nombre TE AMO, eres lo más importante que tengo, estoy feliz y agradecido de verte, me siento

¿Cómo cumplir mis metas?

Cumple tus metas en 21 días

orgulloso de ti, te perdono y me comprometo a cumplir mi meta de 21 días (detallar meta):

_____

_____

_____

Pon una imagen en tu mente que represente tu meta cumplida y sonríe.

Establece la acción que vas a realizar el día de hoy para alcanzar tu meta en 21 días:

_____

_____

_____

¡¡Nos vemos mañana!!

coachisabellachiran@gmail.com

Día 8

¿Qué pasaría sí?

Antes de iniciar y al notar que tus pensamientos llevan a las emociones y estas a las acciones, ¿Qué tipo de pensamientos tienes la mayor parte del día?

_____
_____
_____

Vamos a ver:

¿Qué pasaría sí?

Responde a las siguientes preguntas:
¿Qué pasará si se cumple tu meta de 21 días?

_____
_____
_____

¿Qué pasará si no se cumple tu meta de 21 días?

_____
_____
_____

En base a tus respuestas anteriores, ¿En qué te ha hecho reflexionar?

_____

Te das cuenta que fue un momento de total incertidumbre.

Te contaré la historia del ¿Qué pasaría sí?:

¿Qué pasara sí?

Han transcurrido 10 años trabajando en el sector público y cuando existen cambios de autoridades, se viene esta pregunta a mi cabeza: ¿Qué pasara sí?, pregunta que me tiene en incertidumbre y me molesta porque no me gusta **no** saber qué va a pasar o que cambios van realizar.

Al notar en mi esta incertidumbre y que no me está llevando a nada, pues son telarañas en mi cabeza y nada de lo que realmente está pasando, filmando una película sin darme cuenta.

Tomé la decisión de que al momento que haya cambios de autoridades, demostrar mi trabajo con la mejor actitud y aptitud, me ha ayudado porque se ve reflejado en mi trabajo.

Demostrar mi trabajo me ha ayudado a que valoren mi desempeño.

Alguna vez me dijeron: *"Todos somos pasajeros, lo que se queda son las instituciones"*, por lo que hay dar lo mejor en cada acción que se realiza.

¿Cómo cumplir mis metas?

Cumple tus metas en 21 días

Ahora es momento de dejar huella no como institución sino como persona.
No lo dudes y avanza.

> Te va a dejar pensando:
>
> *"En cualquier momento de decisión, lo mejor que puedes hacer es lo correcto, lo segundo mejor lo equivocado, y lo peor que puedes hacer es nada."*
> Theodore Roosevelt

Cada vez que avanzas o retrocedes tomas decisiones, es momento de responsabilizarte, liberarte de las anclas y tomar el control de las riendas de tu vida.

Te pregunto: ¿Vale la pena seguir imaginando cosas que no han pasado y no tomar el control de las riendas de tu vida?

_____

_____

_____

Te invito a que te pares frente al espejo, te mires y te digas: Tu nombre TE AMO, eres lo más importante que tengo, estoy feliz y agradecido de verte, me siento orgulloso de ti, te perdono y me comprometo a cumplir mi meta de 21 días (detallar meta):

_____

_____

_____

Pon una imagen en tu mente que represente tu meta cumplida y sonríe.

Establece la acción que vas a realizar el día de hoy para alcanzar tu meta en 21 días:

_____

_____

_____

¡¡Nos vemos mañana!!

¿Cómo cumplir mis metas?

Cumple tus metas en 21 días

Día 9

Compromiso personal

Antes de iniciar respira profundamente y admira el cielo por 15 minutos.

Ahora, cuéntame: ¿Cómo te sentiste con esta actividad?
_____
_____
_____

Vamos a ver:

¿Qué es compromiso personal?

El compromiso personal es un valor que te impulsa a lograr tus metas y orientarte en el camino para legar al punto B.

Quien es comprometido no es una persona abrumada por la carga de obligaciones, sino una persona apasionada que disfruta lo que hace.

Te pregunto: ¿Qué tan comprometido te sientes con tu meta de 21 días?
_____
_____
_____

¿Cómo cumplir mis metas?

Cumple tus metas en 21 días

Te contaré una historia:

La clase de literatura

Era verano, en el cuarto curso de colegio recibiendo la clase de literatura, la profesora impecable, bien vestida y dando lo mejor en cada clase, nos dio un consejo, les puedo decir que este consejo se quedó para siempre en mí, ella dijo:

"Señoritas ustedes van a crecer y si se casan no dejen de arreglarse, de verse bien y si llega tarde su pareja que les vea arregladas por más tarde que sea"

Consejo que lo seguí porque si tu pareja te ve arreglada, siente que le importas y si te arreglas le das importancia a la relación y sobre todo a ti.

Independientemente de cómo te encuentres actualmente en una relación o no, tu compromiso es darte importancia, disfrutar de los pequeños detalles y alcanzar tus metas.

Sabes esta frase me impacto:

"El secreto de la existencia no consiste solamente en vivir, sino en saber para qué se vive"
Fiódor Dostoyevski

El compromiso lo llevas con la motivación del **para qué** quieres alcanzar tu meta.

_____

_____

_____

Te pregunto: ¿Tú para qué es lo suficiente para alcanzar tu meta de 21 días?

_____

_____

_____

Te invito a que te pares frente al espejo, te mires y te digas: Tu nombre TE AMO, eres lo más importante que tengo, estoy feliz y agradecido de verte, me siento orgulloso de ti, te perdono y me comprometo a cumplir mi meta de 21 días (detallar meta):

_____

_____

_____

Pon una imagen en tu mente que represente tu meta cumplida y sonríe.

Establece la acción que vas a realizar el día de hoy para alcanzar tu meta en 21 días:

_____

_____

_____

¡¡Nos vemos mañana!!

¿Cómo cumplir mis metas?

Cumple tus metas en 21 días

coachisabellachiran@gmail.com

Día 10

Darte cuenta

Antes de iniciar vamos a realizar la siguiente actividad:

Piensa en una situación en la que te hayas sentido sin salida y en la **peor situación**, ponle un nombre a tu yo de ese momento (a) _____.

Ahora piensa en una situación en la que **mejor de hayas sentido**, todo empoderado, ponle un nombre a tu yo de ese momento (b) _____.

Es momento de pararse, dar tres pasos de manera horizontal, te vas a ubicar en el segundo paso, estirar y hacia tu derecha tienes tu momento (a) y hacia la izquierda tienes tu momento (b), es decir:

Momento b Nombre:		Momento a Nombre:
PASO 1	PASO 2	PASO 3

Luego te ubicas en el paso 3, en tu **momento a** y le vas a responder las siguientes preguntas a tu **momento b**:

¿Cómo cumplir mis metas?

Cumple tus metas en 21 días

¿Cómo te sientes (nombre del momento b) _____?

_____

_____

_____

¿Qué más?

_____

_____

_____

¿Algo más?

_____

_____

_____

Luego vamos al paso dos, nos estiramos y pasamos al paso 1 a tu **momento b** y le vas a responder las siguientes preguntas a tu **momento a:**

¿Cómo te sientes (nombre del momento a) _____?

_____

_____

_____

¿Qué más?

_____

_____

_____

¿Algo más?

_____

_____

_____

Nos paramos en el paso 2 y nos estiramos, eres el punto neutro entre tu momento a y b, es momento de conciliar los dos lados, ser neutro y les preguntas a los dos lados: ¿Qué pueden hacer para que se sientan en armonía? (Los dos lados se expresan)

_____
_____
_____

¿Qué más?

_____
_____
_____

¿Algo más?

_____
_____
_____

¿De qué te das cuenta?

_____
_____
_____

Vamos a ver:

¿Qué es reflexión?

La reflexión es un proceso que nos permite reflejar al exterior el resultado de nuestros pensamientos.

El momento de reflexión te lleva al momento eureka que te permite desvanecer los obstáculos y ver las oportunidades.

¿Cómo cumplir mis metas?

Cumple tus metas en 21 días

Te contaré una historia:

Reconocimiento

En el año 2021, por el cambio de alcalde, el gerente general, gerente administrativa financiera y directora financiera renunciaron por lo que el gerente general me llamó a su despacho para decirme que me dejaba de Gerente Administrativa Financiera (GAF), sorprendida por el reconocimiento a mi trabajo fue tan gratificante y le pregunte si no había la posibilidad de dejar a otra persona y me supo decir que le ayude con el puesto a lo que accedí por gratificación.

Mi jefa (GAF) me entregó los documentos y recibí sabiendo que era una gran responsabilidad.

Luego mi jefa directa (Directora Financiera) dio unas palabras de agradecimiento que fueron directamente hacia mí, me sentí bien por el reconocimiento a mi labor.

Este estado de adrenalina y reto por el cargo que no lo esperaba y que no quería debido a que estaba iniciando un nuevo proyecto.

Casi al culminar la jornada laboral se escuchaban rumores de que regresan los jefes porque no había cambio de alcalde.

Más tarde se hizo realidad y no se iban los jefes, algo que me tranquilizó porque me hizo reflexionar en el ratificar querer continuar con mi proyecto.

Estos momentos eureka te permiten subir al piso más alto, ver el camino por dónde ir, para luego bajar y llegar a tu meta.

Sabes esta frase impacta:

"¡Eureka! Lo encontré"
Arquímedes

Te pregunto: ¿Has tenido momentos eureka?

_____

_____

_____

Te invito a que te pares frente al espejo, te mires y te digas: Tu nombre TE AMO, eres lo más importante que tengo, estoy feliz y agradecido de verte, me siento orgulloso de ti, te perdono y me comprometo a cumplir mi meta de 21 días (detallar meta):

_____

_____

_____

Pon una imagen en tu mente que represente tu meta cumplida y sonríe.

Establece la acción que vas a realizar el día de hoy para alcanzar tu meta en 21 días:

_____

_____

_____

¿Cómo cumplir mis metas?

Cumple tus metas en 21 días

¡¡Nos vemos mañana!!

coachisabellachiran@gmail.com

Día 11

Escuchar

Antes de iniciar vamos a realizar respiraciones profundas, de la siguiente forma:

1. Siéntate en un lugar cómodo,
2. Cierra tus ojos,
3. Inhala por 4 segundos,
4. Reten por 4 segundos,
5. Exhala por 4 segundos; y,
6. Repite tres veces el proceso desde el punto 3, 4 y 5.

Ahora que estas relajado, cuéntame ¿Has conversado contigo frente al espejo?

_____
_____
_____

Vamos a ver:

¿Qué es escuchar?

Escuchar es poner atención en algo que es captado por el sentido auditivo.

¿Sabías que hay beneficios en escuchar?

- Limita los errores pues minimiza el riesgo de falta de comunicación
- Aumenta la confianza mutua, responder mejor con atención a sus necesidades.
- Favorece la calma.
- Aumenta la confianza propia.
- Aumenta la productividad para aportar soluciones.

Ser escuchado o escucharte es muy importante, se aprende más al escuchar, permítete aprender y crecer.

Te contaré una historia:

Secuestro

En el año 2011 aproximadamente a las 20:00, saliendo de la casa de mis papis nos dirigimos con mi pareja a ver al bus para irnos a la casa, como era muy tarde el viento congelado nos abrazaba, de repente un taxi se estaciona un poco más delante de donde nosotros, en ese momento pensé que eran pasajeros, se bajaron, nos acorralaron y nos amenazaron con cuchillo por lo que subimos al taxi, que no alcemos la mirada nos decían, mi pareja le amarraron sus pies y manos, a lado sentada de él.

Una voz en mi interior me dijo: *"vas a estar bien"* y la verdad no sabía cómo iba a estar bien pero sentí que esa voz me decía la verdad.

¿Cómo cumplir mis metas?

Cumple tus metas en 21 días

Las personas que nos llevaban nos decían que les demos las tarjetas y mi pareja les decía que no teníamos nada en la cuenta, nos amenazaban de muerte si no le dábamos la clave, les dimos la clave, se bajaron a un cajero y no hubo nada en la cuenta, molestos nos llevaron a dar más vueltas, en lo que mi pareja les dijo que nos dejen, a lo que accedieron y nos dejaron a las afueras de la ciudad.

Mi pareja amarrada boca hacia abajo y yo a unos 20 pasos, se fueron y nos dijeron que no regresemos a ver.

Apenas escuche que el carro se fue, me acerque a mi pareja para ver cómo estaba y lo primero que me pregunto fue: ¿Te hicieron algo?, le dije que no y salimos lo más pronto de ahí.

Escuchar mi voz interior: "vas a estar bien", fue un hermoso regalo en ese momento, hasta ahora no sé cómo lo supo, así que te invito a escucharte.

Lee con atención esta frase:

"Para saber hablar es preciso saber escuchar"
Plutarco

Te pregunto: ¿Entiendes lo que te dicen o sólo respondes?

_____

_____

_____

Es un momento de dar una pausa y empezar a escuchar y a escucharte.

Te invito a que te pares frente al espejo, te mires y te digas: Tu nombre TE AMO, eres lo más importante que tengo, estoy feliz y agradecido de verte, me siento orgulloso de ti, te perdono y me comprometo a cumplir mi meta de 21 días (detallar meta):

_____
_____
_____

Pon una imagen en tu mente que represente tu meta cumplida y sonríe.

Establece la acción que vas a realizar el día de hoy para alcanzar tu meta en 21 días:

_____
_____
_____

¡¡Nos vemos mañana!!

¿Cómo cumplir mis metas?

Cumple tus metas en 21 días

Día 12

Bendiciones

Antes de iniciar mira al cielo y date cuenta de la majestuosidad del mundo que te rodea.

Ahora que has reflexionado, cuéntame ¿cómo te hace sentir escuchar y escucharte?

_____

_____

_____

Vamos a ver:

¿Qué es bendición?

La bendición es la expresión de un deseo benigno que se dirige a una persona o varias o a un objeto y que, a través de la propia expresión, se concreta.

Al mismo tiempo en que se pronuncia la bendición, se materializa la acción de bendecir.

¿Sabías que hay beneficios en la bendición?

- Estás lleno de comprensión y buena voluntad hacia los demás.
- Gradualmente alcanza un estado de simplicidad y pureza, similar a la de un niño
- Apreciar los placeres simples de la vida

¿Cómo cumplir mis metas?

Cumple tus metas en 21 días

- Purifica todas sus intenciones
- Te vuelves una persona totalmente optimista que contempla la vida.
- Se transforma en una fuerza generosa.
- Eres capaz de dominarte a ti mismo.
- Observa, comprende y respecta espontáneamente las leyes de la naturaleza.

La bendición se convierte en un estado de tranquilidad que te permite apreciar el aquí y ahora en cualquier momento, así que es momento de dar un paso y bendecir.

Te contaré una historia:

Primera impresión

En el año 2011, mi pareja me iba a presentar a su hija de cuatro años y medio, estaba nerviosa y no sabía cómo iba a reaccionar, lo que pensaba era que yo debía esforzarme y ganarme su cariño, pues no sabía si me iba a aceptar o no, pensaba que lo más probable era que debía ganarme su cariño.

Cuando llegó el día, mi pareja me dijo. "Ella es mi hija Camilita", me acerqué y para mi sorpresa ella vino corriendo hacia mí, y cuando me dí cuenta ella estaba entre mis brazos.

Con el pasar de los años me doy cuenta que ha sido una bendición porque siempre está pendiente de mí, me da su amor, se ha adaptado a todos los cambios y me cuida, aunque ella me dice que también la cuido y entonces me pregunto quién cuida más a quién?

> Justo la frase que buscaba:
>
> *"Reflexiona sobre tus bendiciones presentes, de las que todo hombre posee muchas; no sobre tus pasadas penas, de las que todos tienen algunas"*
> Charles Dickens

Es importante valorar lo que tienes y bendecir a quien has perdonado, lo leíste bien, bendecir a quien has perdonado.

Te pregunto: ¿Has bendecido a quien has perdonado?

_____

_____

_____

Te invito a que te pares frente al espejo, te mires y te digas: Tu nombre TE AMO, eres lo más importante que tengo, estoy feliz y agradecido de verte, me siento orgulloso de ti, te perdono y me comprometo a cumplir mi meta de 21 días (detallar meta):

_____

_____

_____

Pon una imagen en tu mente que represente tu meta cumplida y sonríe.

¿Cómo cumplir mis metas?

Cumple tus metas en 21 días

Establece la acción que vas a realizar el día de hoy para alcanzar tu meta en 21 días:

_____

_____

_____

¡¡Nos vemos mañana!!

coachisabellachiran@gmail.com

Día 13

Recibe

Empezamos a dar gracias y a bendecir, pero ¿Cuándo llega el momento de recibir qué sensación tienes?
_____
_____
_____

Vamos a ver:

¿Qué es recibir?

Recibir es tomar, aceptar, aquello que envían o han dado.

¿Sabes por qué razón se siente incomodidad al recibir?

- Sentirse "atado" con la conexión del otro, por no involucrar sentimientos
- Tener que demostrar empatía
- La creencia de que recibir es egoísta
- La presión de la reciprocidad, adquirir una deuda no escrita con otra persona.
- Un mecanismo de defensa
- No tener el control de la situación en un posterior momento.

Debemos aprender a conectar con la gente y recibir debido a que cuando la otra persona da lo hace de buena fe, aprende a recibir.

Te contaré una historia:

Recibir

Sabes con el pasar del tiempo busqué una relación donde me sienta bien, que el sentimiento sea recíproco, llore porque lo ví como algo imposible, ¿cómo encontrar a alguien que me quiera y que yo también?, pues pienso que es triste que alguien te quiera mucho y no le puedas corresponder o que quieras mucho a otra persona y la otra persona no te quiera.

Les puedo decir que no había dicho a nadie **te amo,** estas dos palabras poderosas con gran significado.

Cuando empecé a conocer a mi esposo, buscó la manera de llegar a mí y lo logró, les puedo decir que me lance y confié, pues pienso que si no lo hubiera hecho no hubiese tenido este placer de tener un sentimiento recíproco.

Te invito a arriesgarte y lanzarte a recibir, porque eres merecedor de los placeres que te da la vida.

Hermosa frase:

"Qué bella es una persona cuando se muestra imperfecta y sin ninguna pretensión de ser lo que no es."
Anónimo

¿Cómo cumplir mis metas?

Cumple tus metas en 21 días

Te pregunto: ¿Te has permitido mostrarte tal como eres con las demás personas y recibir sin restricción?

_____

_____

Te invito a que te pares frente al espejo, te mires y te digas: Tu nombre TE AMO, eres lo más importante que tengo, estoy feliz y agradecido de verte, me siento orgulloso de ti, te perdono y me comprometo a cumplir mi meta de 21 días (detallar meta):

_____

_____

_____

Pon una imagen en tu mente que represente tu meta cumplida y sonríe.

Establece la acción que vas a realizar el día de hoy para alcanzar tu meta en 21 días:

_____

_____

_____

¡¡Nos vemos mañana!!

coachisabellachiran@gmail.com

Día 14

Humildad

Empezamos a sentir la gracia al recibir, por lo que te pregunto ¿Cuándo te sientes al recibir?

_____

_____

_____

Vamos a ver:

¿Qué es humildad?

La humildad es una virtud humana atribuida a quien ha desarrollado conciencia de sus propias limitaciones y debilidades, y obra en consecuencia.

¿Qué permite la humildad?

- Escuchar a los demás y tomar en cuenta sus opiniones.
- Comprender la igualdad y dignidad de todos.
- Valorar el trabajo y esfuerzo.
- Reconocer las virtudes propias.
- Expresarse con amabilidad.
- Actuar con empatía.
- Respetar a los demás.
- Atrae a las personas a tu vida.
- Reconocer las propias limitaciones y debilidades

La humildad te permite conocerte mejor y valorar a las personas que están a tu alrededor.

Te contaré una historia:

Corte de cabello

Cuando tenía aproximadamente 15 años me corte el cabello tipo melena, estaba en el bus y a lado mío se sentó una chica con su amigo, conversaban fluidamente y luego la chica le dijo a su amigo: *"hay personas que no les queda el cabello corto"*, en ese momento mientras mi cuerpo se erguía, empecé a jugar con mi cabello, pensado en: *"que le pasa pues yo me siento bien así"*, cuando de repente el amigo se dio cuenta y dijo: *"hay personas que si les queda bien el cabello corto"*, luego me sentí tranquila y alagada.

Más tarde pensando en lo acontecido me puse a reír de lo que había hecho, pues fue mi ego el que actúo en ese momento y no mi humildad, deje que me afecten palabras positivas y negativas.

Lo que me llevo es que el ego te hace crecer dos metros y te olvidas de los demás y con la humildad las personas se acercan, te aceptan tal como eres y sobre todo sabes quién eres.

Sabias palabras:

"La humildad tiene dos polos: lo verdadero y lo bello."
Victor Hugo

¿Cómo cumplir mis metas?

Cumple tus metas en 21 días

Permítete conocerte y enamorarte de ti.

Te pregunto: ¿Qué tan lejos puedes llegar si eres humilde?

_____

_____

_____

Te invito a que te pares frente al espejo, te mires y te digas: Tu nombre TE AMO, eres lo más importante que tengo, estoy feliz y agradecido de verte, me siento orgulloso de ti, te perdono y me comprometo a cumplir mi meta de 21 días (detallar meta):

_____

_____

_____

Pon una imagen en tu mente que represente tu meta cumplida y sonríe.

Establece la acción que vas a realizar el día de hoy para alcanzar tu meta en 21 días:

_____

_____

_____

¡¡Nos vemos mañana!!

coachisabellachiran@gmail.com

Día 15

Consciencia

Hoy vamos a ver un tema que espero lo tomes con calma.

¿Qué es consciencia?

Como conciencia se define el conocimiento de un individuo que tiene de sus pensamientos, sentimientos y acciones.

La conciencia te permite estar presente en el aquí y ahora.

Te invito a que tengas pensamientos que te permitan empoderarte para alcanzar tus metas.

Si tienes los mismos pensamientos que sin darte cuenta te hacen daño, no lograrás tus metas.

Te puedo decir que sólo depende de ti, la decisión de cambiar, sacudirte e ir por tus metas.

Al darte cuenta de que tus pensamientos atraen tus emociones y tus emociones tus acciones, y así sucesivamente un círculo vicioso, ahora te pregunto:

¿Qué quieres atraer a tu vida?

Te recomiendo dedicar 15 minutos al día a estos pensamientos positivos que te hacen vivir.

No pierdes nada.

¿Sabías que si cambias tu subconsciente cambias tu consciente?

Para cambiar tú subconsciente debes:

- Practicar cada día la meditación.
- Crea frases positivas
- Vive el "aquí y ahora" porque es en el aquí y ahora donde se abren todas las oportunidades.
- Aprende a fluir con cada cosa que haces.
- Da un alto a los pensamientos que te desaniman.

Date un tiempo para ti, te lo mereces.

¿Sabes quién te puede impedir lograrlo?, pues te diré que tú mismo con tus pensamientos.

Te contaré algo que me frustro:

Amor

Cuando buscaba el amor de mi vida, pensé que no lo iba a encontrar, salía de cada relación y describía que quería en la siguiente relación, pero algo prevalecía, pensaba que no podía ser cariñosa, me frustraba y me ponía triste y lloraba, una utopía para mí.

¿Cómo cumplir mis metas?

Cumple tus metas en 21 días

Cuando el día menos pensado conocí al amor de mi vida justo en el momento indicado y saben que, cumplía mi lista y aparte de eso me enseño a ser cariñosa, algo que pensé que no lo iba a pasar.

Esta experiencia me enseño que si eres consciente de lo que pides, se te lo entrega justo en el momento indicado y lo valoras y atesoras por siempre.

Léelo detenidamente:

"La vida solo puede tener lugar en el momento presente.
Si perdemos este momento, perdemos la vida"
Buda

Disfruta del aquí y ahora.

Te pregunto: ¿Estás dispuesto a iniciar y disfrutar cada día de pensamientos positivos?

_____

_____

_____

Te invito a que te pares frente al espejo, te mires y te digas: Tu nombre TE AMO, eres lo más importante que tengo, estoy feliz y agradecido de verte, me siento orgulloso de ti, te perdono y me comprometo a cumplir mi meta de 21 días (detallar meta):

_____

_____

_____

Pon una imagen en tu mente que represente tu meta cumplida y sonríe.

Establece la acción que vas a realizar el día de hoy para alcanzar tu meta en 21 días:

_____

_____

_____

¡¡Nos vemos mañana!!

¿Cómo cumplir mis metas?

Cumple tus metas en 21 días

Día 16

Fuerza de voluntad

Sabes que mantenerse firme en lo que quieres y deseas es un desafío y ¿sabes por qué pasa esto? pues sucede porque somos fáciles de distraer, te hago un reto piensa por una hora en el esfero que tengas cerca, luego de que haya pasado la hora, te pregunto: ¿Cuánto tiempo te concentraste en el esfero?

_____

_____

_____

¿Qué es fuerza de voluntad?

La fuerza de voluntad es la capacidad para resistir hasta el final.

¿Sabías que hay claves para mantener la fuerza de voluntad?

- La motivación y el autocontrol son como un músculo, si se ejercitan bien se fortalece tu fuerza de voluntad
- Ten una meta clara de algo que quieras de verdad
- Puedes dividirlo en mini retos y mini acciones, te ayudan a mejorar tu autoestima porque debes celebrar cada logro.
- Habla de tu meta, es una forma de comprometerte.

¿Cómo cumplir mis metas?

Cumple tus metas en 21 días

- Trátate con cariño, no te juzgues y pídete perdón
- Disfruta del momento del aquí y ahora.
- No olvides comer bien, dormir, hacer ejercicio y relajarse pues contribuye a mejorar la capacidad de autocontrol.

Permítete ser lo que realmente quieres, no sigas por un camino que no te permite ser quien realmente quieres.

Te contaré una historia:

Título universitario

En el año 2012, egresé de la carrera de ingeniería de contabilidad y auditoría, siendo el siguiente paso realizar la tesis para obtener el título.

Entre egresar y obtener el título pasaba algo, y tengo que confesar que me encontraba totalmente enamorada (actualmente lo sigo), y tenía que decirles a mis papis que aceptarán que me iba a vivir con mi pareja por lo que les ofrecí que me iba a obtener el título universitario, fue tal mi seguridad que aceptaron.

Así que me puse manos a la obra y parecía que el rompecabezas se iba armando, cada actividad que realizaba encajaba con la siguiente actividad para alcanzar la meta de obtener mi título, pasaron algunos meses.

Llegó el gran día de defender la tesis, tuve el apoyo de mi tutor y el tribunal, al finalizar sus gloriosas palabras fueron aprobado, en ese momento sentí un peso menos sobre mí y sentí que podía realizar todo lo que me proponga.

Al recordar aquella experiencia, me lleva a que cuando te centras en una meta, las cosas se van poniendo a tu disposición para poder lograrlo, parece magia.

Analiza la siguiente frase:

> *"Conocer a los otros es sabiduría. Conocerse a sí mismo es sabiduría superior. Imponer su voluntad a los otros es fuerza. Imponérsela a sí mismo es fuerza superior."*
> Lao-Tse

La fuerza de voluntad te permite dar el paso a paso para alcanzar tu meta.

Te pregunto: ¿Estás enfocando en tu meta de 21 días?

_____

_____

_____

Te invito a que te pares frente al espejo, te mires y te digas: Tu nombre TE AMO, eres lo más importante que tengo, estoy feliz y agradecido de verte, me siento orgulloso de ti, te perdono y me comprometo a cumplir mi meta de 21 días (detallar meta):

_____

_____

_____

Pon una imagen en tu mente que represente tu meta cumplida y sonríe.

¿Cómo cumplir mis metas?

Cumple tus metas en 21 días

Establece la acción que vas a realizar el día de hoy para alcanzar tu meta en 21 días:

_____

_____

_____

¡¡Nos vemos mañana!!

coachisabellachiran@gmail.com

Día 17

Cambios

Te pregunto: ¿Te asustan lo cambios o te dejas fluir?

_____

_____

_____

Vamos a ver:

¿Qué es cambio?

El cambio denota la acción o transición de un estado inicial a otro diferente.

¿Sabías que hay beneficios en el cambio?

- Vivir intensamente
- Flexibilidad cada vez te costará menos adaptarte.
- Mejorar, sin cambio no hay mejora.
- Valorar los pequeños detalles
- Ser más fuerte
- Conocer y descubrir nuevas metas.
- Empezar de nuevo en cualquier momento
- **Salir de la zona de confort, aferrarse a esta zona de confort es un síntoma de miedo.**

Disfruta de los cambios, son obsequios que la vida te da.

Te contaré una historia:

Cambio de trabajo

En el año 2019 me encontraba en mi zona de confort, sabía lo que tenía que hacer en el trabajo, totalmente tranquila.

A mediados del año 2019 me ofrecieron un trabajo en el que iba a ganar mejor, un cuarto más de lo que ganaba.

Al momento de aceptar este cambio de trabajo, llegaron los retos: sistema nuevo, rotación de personal en el puesto, joven para el cargo, así entre otras cosas, reto que lo estaba asumiendo.

Me sentía indefensa.

Sabía que lo tenía que lograrlo, reto tras reto lo fui asumiendo.

Demostrar mi labor con responsabilidad y compromiso hizo que lo valoraran.

Gracias al cambio lo inimaginable se hizo realidad para mí.

Esta frase me encanta:

"El mundo no es más que transformación, y la vida, opinión solamente"
Marco Aurelio

¿Cómo cumplir mis metas?

Cumple tus metas en 21 días

Todo cambia, sólo faltas tú.

Te pregunto: ¿Qué cambio estás dispuesto a realizar para alcanzar tu meta de 21 días?

_____

_____

Te invito a que te pares frente al espejo, te mires y te digas: Tu nombre TE AMO, eres lo más importante que tengo, estoy feliz y agradecido de verte, me siento orgulloso de ti, te perdono y me comprometo a cumplir mi meta de 21 días (detallar meta):

_____

_____

_____

Pon una imagen en tu mente que represente tu meta cumplida y sonríe.

Establece la acción que vas a realizar el día de hoy para alcanzar tu meta en 21 días:

_____

_____

_____

¡¡Nos vemos mañana!!

coachisabellachiran@gmail.com

Día 18

Crecer

Responde a la siguiente pregunta: ¿Qué es lo que continúas evitando y no quieres afrontar?

_____
_____
_____

Vamos a ver:

¿Qué es crecer?

La palabra crecer es aumentar el tamaño.

¿Sabías que hay beneficios en crecer?
- Crece tu espíritu, te conoces mejor
- Muestras empatía
- Valoras la vida y lo que tienes
- Las personas a tu alrededor aprenden de ti.
- Superar el período difícil te hará más fuerte.
- Crecer trae nuevos comienzos y emoción a la vida.

Cada experiencia que tengas te permite afinar una mejor versión de ti, conócete.

Te contaré una historia:

Resultados de auditoría financiera

En agosto de 2021 se encuentran realizando la auditoría a los estados financieros y como contadora debo presentar los documentos solicitados por la firma auditora.

La auditoría externa presenta sus resultados, se debe elaborar la respuesta con los justificativos, lo que representa tiempo considerable.

Se logró entregar los justificativos con el apoyo del trabajo en equipo.

Culmina el plazo para presentar las justificaciones y la firma auditora debe emitir su informe definitivo, que nervios.

A fínales de agosto inician mis tan apreciadas vacaciones.

Es mi último día de trabajo antes de salir de vacaciones, no hay un pronunciamiento de parte de la auditoría.

Es el primer día de vacaciones y como se decir: *"soy un pajarito libre"*, me escribe por teléfono la Gerente Administrativa Financiera en la tarde: *"Mira, Isa informe limpio"*, en ese momento salte de la emoción y enseguida le llame para decirle que me sentía súper feliz, agradecida por su apoyo y que es un buen inicio de mis vacaciones.

¿Cómo cumplir mis metas?

Cumple tus metas en 21 días

Sentir tal gratificación, después del esfuerzo realizado en los estados financieros, fue tan reconfortante.

Una voz en mi cabeza dijo: *"Este es el momento"* y lo entendí perfectamente porque sé que tengo que hacer.

Esta experiencia me ha hecho crecer increíblemente pues me demostró que hasta el último momento todo puede cambiar para mejor.

Permítete crecer y la vida te recompensará.

> Lee la siguiente frase con detenimiento:
>
> *"La confianza en uno mismo es el primer peldaño para ascender por la escalera del éxito".*
> Ralph Waldo Emerson

Todo cambio inicia por ti y se verá reflejado a tu alrededor.

Te pregunto: ¿Qué te permite crecer y que no estas permitiendo que pase?

_____

_____

_____

_____

_____

Te invito a que te pares frente al espejo, te mires y te digas: Tu nombre TE AMO, eres lo más importante que tengo, estoy feliz y agradecido de verte, me siento

orgulloso de ti, te perdono y me comprometo a cumplir mi meta de 21 días (detallar meta):

_____

_____

_____

Pon una imagen en tu mente que represente tu meta cumplida y sonríe.

Establece la acción que vas a realizar el día de hoy para alcanzar tu meta en 21 días:

_____

_____

_____

¡¡Nos vemos mañana!!

¿Cómo cumplir mis metas?

Cumple tus metas en 21 días

Día 19

Creer

Te pregunto: ¿Qué piensas de creer?

_____
_____
_____

¿Qué es creer?

Es la creencia, confianza o asentimiento que se manifiesta por encima de la necesidad de poseer evidencias que demuestren la verdad de aquello en lo que se cree.

Creer

- Crees en algo superior a ti.
- Conectar con fuentes de sabiduría para traer respuestas a tus dilemas de la vida.
- Creer en lo invisible para que luego sea visible
- Plantéate escenarios razonables, y trabaja con dedicación en aquellas metas que persigues.
- Eres el responsable de tu vida
- Hazte un maestro en el arte de confiar y desarrollar tu fe.

Es momento de confiar y perseguir tus metas, ten fe

¿Cómo cumplir mis metas?

Cumple tus metas en 21 días

Te contaré una historia:

Religiones

Respeto las religiones y mucho, pues enseñan valores muy bonitos.

Fui conociendo algunas religiones que me llamaron la atención y otras que mi voz interior decía: *"no"*.

Pase algunos años así.

Pasaron más años y decidí creer en DIOS pero no en la religión, lo cual me da mucha paz y tranquilidad.

Las religiones las respeto, y tengo fe en DIOS, es como el aire, no se ve pero sabes que existe.

La fe que tengo en DIOS me hace feliz porque siento su presencia cada día.

Esta frase me alucina:

"La fe se refiere a cosas que no se ven, y la esperanza, a cosas que no están al alcance de la mano."
Santo Tomás de Aquino

La fe pasa del mundo invisible a lo visible si lo crees.

Te pregunto: ¿Qué paso de fe quieres realizar?

_____

_____

_____

Te invito a que te pares frente al espejo, te mires y te digas: Tu nombre TE AMO, eres lo más importante que tengo, estoy feliz y agradecido de verte, me siento orgulloso de ti, te perdono y me comprometo a cumplir mi meta de 21 días (detallar meta):

_____

_____

_____

Pon una imagen en tu mente que represente tu meta cumplida y sonríe.

Establece la acción que vas a realizar el día de hoy para alcanzar tu meta en 21 días:

_____

_____

_____

¡¡Nos vemos mañana!!

¿Cómo cumplir mis metas?

Cumple tus metas en 21 días

Día 20

Flow

Si volvieras a nacer ahora mismo, ¿Qué clase de persona te gustaría ser?

_____

_____

_____

Vamos a ver:

¿Qué es flow?

Es fluir con la vida, ser capaz de sentir una experiencia como placentera, a pesar de las circunstancias.

Requisitos para fluir:
- Tener una meta clara, tener un para qué.
- Ser conscientes de lo que haces, disfruta del aquí y ahora

¿Cómo fluir?
- Detente un momento y analiza el tipo de pensamientos que tienes.
- Date un tiempo y respira profundamente
- Has recuperado tu serenidad
- Elimina las distracciones
- **Es momento de realizar la actividad que te apasiona**

¿Cómo cumplir mis metas?

Cumple tus metas en 21 días

Te contaré una historia:

Cumplir mi sueño de escribir mi libro

Cuando tenía aproximadamente 10 años de edad quise escribir un libro, lo deje de lado y no estaba como mi prioridad.

Pasaron los años, revisando mi cuaderno de objetivos me encontré en la primera hoja con mi foto de cuando tenía 19 años, en la segunda hoja objetivos de mi vida, en la tercera hoja Objetivos personales, en el punto 8 sabes lo que dice: *"Escribir un libro que llene y alma y haga reflexionar para decidirse a cambiar"*, ahora me propuse escribir mi libro, dejarme fluir y sabes ya estoy en el día 20 de mi hermoso libro.

Algo que siempre he querido y voy a alcanzarlo porque quiero que te inspire para que te decidas y cambies, no dejes pasar días que se pueden convertir en años.

Es momento de tomar el control de tu vida y dejarse fluir en el proceso, sólo es cuestión de tener esta meta como prioritaria y si es necesario pon alarmas para recordártelo.

Analiza esta frase:

"La vida es muy simple pero insistimos en hacerla complicada"
Confucio

Haz lo que te apasione, así de simple.

Te pregunto: ¿A qué situación te gustaría dar un giro en tu vida y dejarte llevar?

_____

_____

_____

Te invito a que te pares frente al espejo, te mires y te digas: Tu nombre TE AMO, eres lo más importante que tengo, estoy feliz y agradecido de verte, me siento orgulloso de ti, te perdono y me comprometo a cumplir mi meta de 21 días (detallar meta):

_____

_____

_____

Pon una imagen en tu mente que represente tu meta cumplida y sonríe.

Establece la acción que vas a realizar el día de hoy para alcanzar tu meta en 21 días:

_____

_____

_____

¡¡Nos vemos mañana!!

¿Cómo cumplir mis metas?

Cumple tus metas en 21 días

Día 21

Acción

Responde a la siguiente pregunta ¿Qué te gustaría lograr al margen del tiempo que tardes en ello?

_____

_____

_____

Vamos a ver:

¿Qué es acción?

La acción es la decisión que tomas para realizar alguna actividad sea de forma consciente o subconsciente.

¿Cómo motivarte para tomar acción?
- Realiza mini actividades para alcanzar tu meta.
- Celebra cada avance
- Elimina distracciones.
- Pide la ayuda que necesites, no lo dudes.
- Encuentra una actividad que te apasione.
- Sólo piensa en el resultado final (imagen) y podrás alcanzar tu meta.

¿Cómo cumplir mis metas?

Cumple tus metas en 21 días

Te contaré una historia:

Conferencista de talla internacional

Sabes durante varios años no supe que hacer de mi vida. Ahora que sé que es lo que realmente quiero y es ser conferencista de talla internacional e inspirar millones de personas, te quiero decir que es momento de tomar acción y dar el primer paso que es el escribir este libro.

Es momento de parar y seguir la meta que realmente quiero, que me emociona y apasiona mucho.

Darme esta oportunidad, es como volver a nacer con experiencia.

Frase que deja como condorito plop:

"Si ya sabes lo que tienes que hacer y no lo haces estás peor que antes."
Confucio

Te pregunto: ¿Estás dispuesto a tomar acción y disfrutar del proceso?

_____

_____

_____

_____

Te invito a que te pares frente al espejo, te mires y te digas: Tu nombre TE AMO, eres lo más importante que tengo, estoy feliz y agradecido de verte, me siento

orgulloso de ti, te perdono y me comprometo a cumplir mi meta de 21 días (detallar meta):

_____

_____

_____

Pon una imagen en tu mente que represente tu meta cumplida y sonríe.

Establece la acción que vas a realizar el día de hoy para alcanzar tu meta en 21 días:

_____

_____

_____

¡¡Nos vemos mañana!!

¿Cómo cumplir mis metas?

Cumple tus metas en 21 días

¿Cumpliste con tu meta de 21 días?

_____
_____
_____

Del 1 al 10, dime ¿Cuánto te amas? _____

¿De qué te das cuenta?

_____
_____
_____

Es momento de festejar.

¿Cómo cumplir mis metas?

Cumple tus metas en 21 días

Agradecimientos a:

Dios por darme todo lo que tengo;

A mis padres Margarita y Gustavo por ser los mejores;

A mis hermanos Jessy, Alexis y Britney por existir en mí vida;

A mi Camilita por darme su compañía;

Y a mí bello esposo Juanfra por enseñarme a amar;

A mis cuaches Fabby, Ale y Rafa por creer en mí;

A mi mentor Francisco por brindarme su apoyo;

Y a mis familiares y amigos por su infinito apoyo.

coachisabellachiran@gmail.com

Enlaces de contacto
Isabella Chirán

Correo electrónico:

coachisabellachiran@gmail.com

Redes sociales:

Facebook:
https://www.facebook.com/Coah-Isabella-Chiran-102104098366838/

Youtube:
https://youtube.com/channel/UCoE4YBabADs5tYi0j hbDgBA

Instagram:
https://www.instagram.com/invites/contact/?i=ms9w qeq5auro&utm_content=1he5rj2

Tiktok:

https://vm.tiktok.com/ZM834xkma/

Made in the USA
Middletown, DE
31 January 2022

59183992R00070